Important Contact

Contact

A | Name

B | Home:

C | Office:

D | Mobile:

E | Notes:

F | Name

G | Home:

H | Office:

I | Mobile:

J | Notes:

K | Name

L | Home:

M | Office:

N | Mobile:

O | Notes:

P

Q | Name

R | Home:

S | Office:

T | Mobile:

U | Notes:

V | Name

W | Home:

X | Office:

Y | Mobile:

Z | Notes:

Name

Home:

Office:

Mobile:

Notes:

Name

Home:

Office:

Mobile:

Notes:

Name

Home:

Office:

Mobile:

Notes:

Name

Home:

Office:

Mobile:

Notes:

Name

Home:

Office:

Mobile:

Notes:

A
B
C
D
E
F
G
H
I
J
K
L
M
N
O
P
Q
R
S
T
U
V
W
X
Y
Z

A

Name _____

    Home: _____

    Office: _____

    Mobile: _____

    Notes: _____

B

Name _____

    Home: _____

    Office: _____

    Mobile: _____

    Notes: _____

C

Name _____

    Home: _____

    Office: _____

    Mobile: _____

    Notes: _____

D

Name _____

    Home: _____

    Office: _____

    Mobile: _____

    Notes: _____

E

Name _____

    Home: _____

    Office: _____

    Mobile: _____

    Notes: _____

A B C D E F G H I J K L M N O P Q R S T U V W X Y Z

Name _____

   Home: _____

   Office: _____

   Mobile: _____

   Notes: _____

Name _____

   Home: _____

   Office: _____

   Mobile: _____

   Notes: _____

Name _____

   Home: _____

   Office: _____

   Mobile: _____

   Notes: _____

Name _____

   Home: _____

   Office: _____

   Mobile: _____

   Notes: _____

Name _____

   Home: _____

   Office: _____

   Mobile: _____

   Notes: _____

A
B
C
D
E
F
G
H
I
J
K
L
M
N
O
P
Q
R
S
T
U
V
W
X
Y
Z

A

Name _____

  Home: _____

  Office: _____

  Mobile: _____

  Notes: _____

Name _____

  Home: _____

  Office: _____

  Mobile: _____

  Notes: _____

Name _____

  Home: _____

  Office: _____

  Mobile: _____

  Notes: _____

Name _____

  Home: _____

  Office: _____

  Mobile: _____

  Notes: _____

Name _____

  Home: _____

  Office: _____

  Mobile: _____

  Notes: _____

A B C D E F G H I J K L M N O P Q R S T U V W X Y Z

Name

Home:

Office:

Mobile:

Notes:

Name

Home:

Office:

Mobile:

Notes:

Name

Home:

Office:

Mobile:

Notes:

Name

Home:

Office:

Mobile:

Notes:

Name

Home:

Office:

Mobile:

Notes:

A
B
C
D
E
F
G
H
I
J
K
L
M
N
O
P
Q
R
S
T
U
V
W
X
Y
Z

A Name _____

B   Home: _____

C   Office: _____

D   Mobile: _____

E   Notes: _____

F   Name _____

G   Home: _____

H   Office: _____

I   Mobile: _____

J   Notes: _____

K   Name _____

L   Home: _____

M   Office: _____

N   Mobile: _____

O   Notes: _____

P

Q   Name _____

R   Home: _____

S   Office: _____

T   Mobile: _____

U   Notes: _____

V   Name _____

W   Home: _____

X   Office: _____

Y   Mobile: _____

Z   Notes: _____

Name _____

    Home: _____

    Office: _____

    Mobile: _____

    Notes: _____

Name _____

    Home: _____

    Office: _____

    Mobile: _____

    Notes: _____

Name _____

    Home: _____

    Office: _____

    Mobile: _____

    Notes: _____

Name _____

    Home: _____

    Office: _____

    Mobile: _____

    Notes: _____

Name _____

    Home: _____

    Office: _____

    Mobile: _____

    Notes: _____

A
B
C
D
E
F
G
H
I
J
K
L
M
N
O
P
Q
R
S
T
U
V
W
X
Y
Z

A Name _____
B   Home: _____
C   Office: _____
D   Mobile: _____
E   Notes: _____

F   Name _____
G   Home: _____
H   Office: _____
I   Mobile: _____
J   Notes: _____

K
L   Name _____
M   Home: _____
    Office: _____
N   Mobile: _____
O   Notes: _____
P

Q   Name _____
R   Home: _____
S   Office: _____
T   Mobile: _____
U   Notes: _____

V   Name _____
W   Home: _____
X   Office: _____
Y   Mobile: _____
Z   Notes: _____

Name _____

   Home: _____

   Office: _____

   Mobile: _____

   Notes: _____

Name _____

   Home: _____

   Office: _____

   Mobile: _____

   Notes: _____

Name _____

   Home: _____

   Office: _____

   Mobile: _____

   Notes: _____

Name _____

   Home: _____

   Office: _____

   Mobile: _____

   Notes: _____

Name _____

   Home: _____

   Office: _____

   Mobile: _____

   Notes: _____

A
B
C
D
E
F
G
H
I
J
K
L
M
N
O
P
Q
R
S
T
U
V
W
X
Y
Z

A **Name** _____

B Home: _____

C Office: _____

D Mobile: _____

E Notes: _____

F **Name** _____

G Home: _____

H Office: _____

I Mobile: _____

J Notes: _____

K **Name** _____

L Home: _____

M Office: _____

N Mobile: _____

O Notes: _____

P

Q **Name** _____

R Home: _____

S Office: _____

T Mobile: _____

U Notes: _____

V **Name** _____

W Home: _____

X Office: _____

Y Mobile: _____

Z Notes: _____

Name _____

   Home: _____

   Office: _____

   Mobile: _____

   Notes: _____

Name _____

   Home: _____

   Office: _____

   Mobile: _____

   Notes: _____

Name _____

   Home: _____

   Office: _____

   Mobile: _____

   Notes: _____

Name _____

   Home: _____

   Office: _____

   Mobile: _____

   Notes: _____

Name _____

   Home: _____

   Office: _____

   Mobile: _____

   Notes: _____

A
B
C
D
E
F
G
H
I
J
K
L
M
N
O
P
Q
R
S
T
U
V
W
X
Y
Z

A **B** C D E F G H I J K L M N O P Q R S T U V W X Y Z

Name _____

Home: _____

Office: _____

Mobile: _____

Notes: _____

Name _____

Home: _____

Office: _____

Mobile: _____

Notes: _____

Name _____

Home: _____

Office: _____

Mobile: _____

Notes: _____

Name _____

Home: _____

Office: _____

Mobile: _____

Notes: _____

Name _____

Home: _____

Office: _____

Mobile: _____

Notes: _____

Name _____ A

  Home: _____ B

  Office: _____ **C**

  Mobile: _____ D

  Notes: _____ E

Name _____ F

  Home: _____ G

  Office: _____ H

  Mobile: _____ I

  Notes: _____ J

                                                               K

Name _____ L

  Home: _____ M

  Office: _____ N

  Mobile: _____ O

  Notes: _____ P

Name _____ Q

  Home: _____ R

  Office: _____ S

  Mobile: _____ T

  Notes: _____ U

Name _____ V

  Home: _____ W

  Office: _____ X

  Mobile: _____ Y

  Notes: _____ Z

A	Name
B	Home:
C	Office:
D	Mobile:
E	Notes:
F	Name
G	Home:
H	Office:
I	Mobile:
J	Notes:
K	Name
L	Home:
M	Office:
N	Mobile:
O	Notes:
P	
Q	Name
R	Home:
S	Office:
T	Mobile:
U	Notes:
V	Name
W	Home:
X	Office:
Y	Mobile:
Z	Notes:

Name _____ A

    Home: _____ B

    Office: _____ C

    Mobile: _____ D

    Notes: _____ E

Name _____ F

    Home: _____ G

    Office: _____ H

    Mobile: _____ I

    Notes: _____ J

Name _____ K

    Home: _____ L

    Office: _____ M

    Mobile: _____ N

    Notes: _____ O

Name _____ P

    Home: _____ Q

    Office: _____ R

    Mobile: _____ S

    Notes: _____ T

Name _____ U

    Home: _____ V

    Office: _____ W

    Mobile: _____ X

    Notes: _____ Y

                             Z

A **Name** _____

B   Home: _____

C   Office: _____

D   Mobile: _____

E   Notes: _____

F **Name** _____

G   Home: _____

H   Office: _____

I   Mobile: _____

J   Notes: _____

K **Name** _____

L   Home: _____

M   Office: _____

N   Mobile: _____

O   Notes: _____

P **Name** _____

Q   Home: _____

R   Office: _____

S   Mobile: _____

T   Notes: _____

U **Name** _____

V   Home: _____

W   Office: _____

X   Mobile: _____

Y   Notes: _____

Z

Name _____
   Home: _____
   Office: _____
   Mobile: _____
   Notes: _____

Name _____
   Home: _____
   Office: _____
   Mobile: _____
   Notes: _____

Name _____
   Home: _____
   Office: _____
   Mobile: _____
   Notes: _____

Name _____
   Home: _____
   Office: _____
   Mobile: _____
   Notes: _____

Name _____
   Home: _____
   Office: _____
   Mobile: _____
   Notes: _____

A
B
C
D
E
F
G
H
I
J
K
L
M
N
O
P
Q
R
S
T
U
V
W
X
Y
Z

A

Name _____

B
Home: _____

C
Office: _____

D
Mobile: _____

E
Notes: _____

F
Name _____

G
Home: _____

H
Office: _____

I
Mobile: _____

J
Notes: _____

K
Name _____

L
Home: _____

M
Office: _____

N
Mobile: _____

O
Notes: _____

P

Q
Name _____

R
Home: _____

S
Office: _____

T
Mobile: _____

U
Notes: _____

V
Name _____

W
Home: _____

X
Office: _____

Y
Mobile: _____

Z
Notes: _____

Name

Home:

Office:

Mobile:

Notes:

Name

Home:

Office:

Mobile:

Notes:

Name

Home:

Office:

Mobile:

Notes:

Name

Home:

Office:

Mobile:

Notes:

Name

Home:

Office:

Mobile:

Notes:

A
B
C
D
E
F
G
H
I
J
K
L
M
N
O
P
Q
R
S
T
U
V
W
X
Y
Z

A Name _____

B Home: _____

C Office: _____

D Mobile: _____

E Notes: _____

F Name _____

G Home: _____

H Office: _____

I Mobile: _____

J Notes: _____

K Name _____

L Home: _____

M Office: _____

N Mobile: _____

O Notes: _____

P

Q Name _____

R Home: _____

S Office: _____

T Mobile: _____

U Notes: _____

V Name _____

W Home: _____

X Office: _____

Y Mobile: _____

Z Notes: _____

Name _____

   Home: _____

   Office: _____

   Mobile: _____

   Notes: _____

Name _____

   Home: _____

   Office: _____

   Mobile: _____

   Notes: _____

Name _____

   Home: _____

   Office: _____

   Mobile: _____

   Notes: _____

Name _____

   Home: _____

   Office: _____

   Mobile: _____

   Notes: _____

Name _____

   Home: _____

   Office: _____

   Mobile: _____

   Notes: _____

A B C **D** E F G H I J K L M N O P Q R S T U V W X Y Z

A	Name _____
B	Home: _____
C	Office: _____
D	Mobile: _____
E	Notes: _____
F	Name _____
G	Home: _____
H	Office: _____
I	Mobile: _____
J	Notes: _____
K	Name _____
L	Home: _____
M	Office: _____
N	Mobile: _____
O	Notes: _____
P	
Q	Name _____
R	Home: _____
S	Office: _____
T	Mobile: _____
U	Notes: _____
V	Name _____
W	Home: _____
X	Office: _____
Y	Mobile: _____
Z	Notes: _____

Name _____

Home: _____

Office: _____

Mobile: _____

Notes: _____

Name _____

Home: _____

Office: _____

Mobile: _____

Notes: _____

Name _____

Home: _____

Office: _____

Mobile: _____

Notes: _____

Name _____

Home: _____

Office: _____

Mobile: _____

Notes: _____

Name _____

Home: _____

Office: _____

Mobile: _____

Notes: _____

A
B
C
D
E
F
G
H
I
J
K
L
M
N
O
P
Q
R
S
T
U
V
W
X
Y
Z

A | **Name** _____
B | **Home:** _____
C | **Office:** _____
D | **Mobile:** _____
E | **Notes:** _____

F | **Name** _____
G | **Home:** _____
H | **Office:** _____
I | **Mobile:** _____
J | **Notes:** _____

K | **Name** _____
L | **Home:** _____
M | **Office:** _____
N | **Mobile:** _____
O | **Notes:** _____
P |

Q | **Name** _____
R | **Home:** _____
S | **Office:** _____
T | **Mobile:** _____
U | **Notes:** _____

V | **Name** _____
W | **Home:** _____
X | **Office:** _____
Y | **Mobile:** _____
Z | **Notes:** _____

Name _____ A

   Home: _____ B

   Office: _____ C

   Mobile: _____ D

   Notes: _____ **E**

Name _____ F

   Home: _____ G

   Office: _____ H

   Mobile: _____ I

   Notes: _____ J

                                                   K

Name _____ L

   Home: _____ M

   Office: _____ N

   Mobile: _____ O

   Notes: _____ P

Name _____ Q

   Home: _____ R

   Office: _____ S

   Mobile: _____ T

   Notes: _____ U

Name _____ V

   Home: _____ W

   Office: _____ X

   Mobile: _____ Y

   Notes: _____ Z

A	Name _____
B	Home: _____
C	Office: _____
D	Mobile: _____
E	Notes: _____
F	Name _____
G	Home: _____
H	Office: _____
I	Mobile: _____
J	Notes: _____
K	Name _____
L	Home: _____
M	Office: _____
N	Mobile: _____
O	Notes: _____
P	Name _____
Q	Home: _____
R	Office: _____
S	Mobile: _____
T	Notes: _____
U	Name _____
V	Home: _____
W	Office: _____
X	Mobile: _____
Y	Notes: _____
Z	

Name _____ A

Home: _____ B

Office: _____ C

Mobile: _____ D

Notes: _____ **E**

Name _____ F

Home: _____ G

Office: _____ H

Mobile: _____ I

Notes: _____ J

Name _____ K

Home: _____ L

Office: _____ M

Mobile: _____ N

Notes: _____ O

Name _____ P

Home: _____ Q

Office: _____ R

Mobile: _____ S

Notes: _____ T

Name _____ U

Home: _____ V

Office: _____ W

Mobile: _____ X

Notes: _____ Y

                           Z

A | Name
B | Home:
C | Office:
D | Mobile:
E | Notes:

F | Name
G | Home:
H | Office:
I | Mobile:
J | Notes:

K | Name
L | Home:
M | Office:
N | Mobile:
O | Notes:
P |

Q | Name
R | Home:
S | Office:
T | Mobile:
U | Notes:

V | Name
W | Home:
X | Office:
Y | Mobile:
Z | Notes:

Name _____ A
  Home: _____ B
  Office: _____ C
  Mobile: _____ D
  Notes: _____ **E**

Name _____ F
  Home: _____ G
  Office: _____ H
  Mobile: _____ I
  Notes: _____ J

Name _____ K
  Home: _____ L
  Office: _____ M
  Mobile: _____ N
  Notes: _____ O

Name _____ P
  Home: _____ Q
  Office: _____ R
  Mobile: _____ S
  Notes: _____ T

Name _____ U
  Home: _____ V
  Office: _____ W
  Mobile: _____ X
  Notes: _____ Y
                            Z

A | Name _____

B | Home: _____

C | Office: _____

D | Mobile: _____

E | Notes: _____

F | Name _____

G | Home: _____

H | Office: _____

I | Mobile: _____

J | Notes: _____

K | Name _____

L | Home: _____

M | Office: _____

N | Mobile: _____

O | Notes: _____

P |

Q | Name _____

R | Home: _____

S | Office: _____

T | Mobile: _____

U | Notes: _____

V | Name _____

W | Home: _____

X | Office: _____

Y | Mobile: _____

Z | Notes: _____

Name

Home:

Office:

Mobile:

Notes:

E

Name

Home:

Office:

Mobile:

Notes:

Name

Home:

Office:

Mobile:

Notes:

Name

Home:

Office:

Mobile:

Notes:

Name

Home:

Office:

Mobile:

Notes:

A
B
C
D
E
F
G
H
I
J
K
L
M
N
O
P
Q
R
S
T
U
V
W
X
Y
Z

A

Name _____

B   Home: _____

C   Office: _____

D   Mobile: _____

E   Notes: _____

F

Name _____

G   Home: _____

H   Office: _____

I   Mobile: _____

J   Notes: _____

K

Name _____

L   Home: _____

M   Office: _____

N   Mobile: _____

O   Notes: _____

P

Name _____

Q   Home: _____

R   Office: _____

S   Mobile: _____

T   Notes: _____

U

Name _____

V   Home: _____

W   Office: _____

X   Mobile: _____

Y   Notes: _____

Z

Name _____ A

   Home: _____ B

   Office: _____ C

   Mobile: _____ D

   Notes: _____ **E**

Name _____ F

   Home: _____ G

   Office: _____ H

   Mobile: _____ I

   Notes: _____ J

                                                K

Name _____ L

   Home: _____ M

   Office: _____ N

   Mobile: _____ O

   Notes: _____ P

Name _____ Q

   Home: _____ R

   Office: _____ S

   Mobile: _____ T

   Notes: _____ U

Name _____ V

   Home: _____ W

   Office: _____ X

   Mobile: _____ Y

   Notes: _____ Z

A Name _____

B Home: _____

C Office: _____

D Mobile: _____

E Notes: _____

F Name _____

G Home: _____

H Office: _____

I Mobile: _____

J Notes: _____

K Name _____

L Home: _____

M Office: _____

N Mobile: _____

O Notes: _____

P Name _____

Q Home: _____

R Office: _____

S Mobile: _____

T Notes: _____

U Name _____

V Home: _____

W Office: _____

X Mobile: _____

Y Notes: _____

Z

Name _____	A
Home: _____	B
Office: _____	C
Mobile: _____	D
Notes: _____	E
Name _____	**F**
Home: _____	G
Office: _____	H
Mobile: _____	I
Notes: _____	J
	K
Name _____	L
Home: _____	M
Office: _____	N
Mobile: _____	O
Notes: _____	P
Name _____	Q
Home: _____	R
Office: _____	S
Mobile: _____	T
Notes: _____	U
Name _____	V
Home: _____	W
Office: _____	X
Mobile: _____	Y
Notes: _____	Z

A Name _____

B Home: _____

C Office: _____

D Mobile: _____

E Notes: _____

F Name _____

G Home: _____

H Office: _____

I Mobile: _____

J Notes: _____

K Name _____

L Home: _____

M Office: _____

N Mobile: _____

O Notes: _____

P

Q Name _____

R Home: _____

S Office: _____

T Mobile: _____

U Notes: _____

V Name _____

W Home: _____

X Office: _____

Y Mobile: _____

Z Notes: _____

Name

Home:

Office:

Mobile:

Notes:

Name

Home:

Office:

Mobile:

Notes:

Name

Home:

Office:

Mobile:

Notes:

Name

Home:

Office:

Mobile:

Notes:

Name

Home:

Office:

Mobile:

Notes:

A
B
C
D
E
F
G
H
I
J
K
L
M
N
O
P
Q
R
S
T
U
V
W
X
Y
Z

A | B | C | D | E | F | **G** | H | I | J | K | L | M | N | O | P | Q | R | S | T | U | V | W | X | Y | Z

Name

Home:

Office:

Mobile:

Notes:

Name

Home:

Office:

Mobile:

Notes:

Name

Home:

Office:

Mobile:

Notes:

Name

Home:

Office:

Mobile:

Notes:

Name

Home:

Office:

Mobile:

Notes:

Name

Home:

Office:

Mobile:

Notes:

Name

Home:

Office:

Mobile:

Notes:

Name

Home:

Office:

Mobile:

Notes:

Name

Home:

Office:

Mobile:

Notes:

Name

Home:

Office:

Mobile:

Notes:

A
B
C
D
E
F
G
H
I
J
K
L
M
N
O
P
Q
R
S
T
U
V
W
X
Y
Z

A **Name** _____

B   Home: _____

C   Office: _____

D   Mobile: _____

E   Notes: _____

F **Name** _____

G   Home: _____

H   Office: _____

I   Mobile: _____

J   Notes: _____

K

L **Name** _____

M   Home: _____

  Office: _____

N   Mobile: _____

O   Notes: _____

P

Q **Name** _____

R   Home: _____

S   Office: _____

T   Mobile: _____

U   Notes: _____

V **Name** _____

W   Home: _____

X   Office: _____

Y   Mobile: _____

Z   Notes: _____

Name _____ A

   Home: _____ B

   Office: _____ C

   Mobile: _____ D

   Notes: _____ E

Name _____ F

   Home: _____ G

   Office: _____ **H**

   Mobile: _____ I

   Notes: _____ J

                     K

Name _____ L

   Home: _____ M

   Office: _____ N

   Mobile: _____ O

   Notes: _____ P

Name _____ Q

   Home: _____ R

   Office: _____ S

   Mobile: _____ T

   Notes: _____ U

Name _____ V

   Home: _____ W

   Office: _____ X

   Mobile: _____ Y

   Notes: _____ Z

A | Name _____

B | Home: _____

C | Office: _____

D | Mobile: _____

E | Notes: _____

F | Name _____

G | Home: _____

H | Office: _____

I | Mobile: _____

J | Notes: _____

K | Name _____

L | Home: _____

M | Office: _____

N | Mobile: _____

O | Notes: _____

P | Name _____

Q | Home: _____

R | Office: _____

S | Mobile: _____

T | Notes: _____

U | Name _____

V | Home: _____

W | Office: _____

X | Mobile: _____

Y | Notes: _____

Z |

Name _____ A

Home: _____ B

Office: _____ C

Mobile: _____ D

Notes: _____ E

F

Name _____ G

Home: _____ **H**

Office: _____ I

Mobile: _____ J

Notes: _____ K

L

Name _____ L

Home: _____ M

Office: _____ N

Mobile: _____ O

Notes: _____ P

Name _____ Q

Home: _____ R

Office: _____ S

Mobile: _____ T

Notes: _____ U

Name _____ V

Home: _____ W

Office: _____ X

Mobile: _____ Y

Notes: _____ Z

A **Name** _____

B   Home: _____

C   Office: _____

D   Mobile: _____

E   Notes: _____

F **Name** _____

G   Home: _____

H   Office: _____

I   Mobile: _____

J   Notes: _____

K **Name** _____

L   Home: _____

M   Office: _____

N   Mobile: _____

O   Notes: _____

P **Name** _____

Q   Home: _____

R   Office: _____

S   Mobile: _____

T   Notes: _____

U **Name** _____

V   Home: _____

W   Office: _____

X   Mobile: _____

Y   Notes: _____

Z

Name	A
Home:	B
Office:	C
Mobile:	D
Notes:	E
	F
Name	G
Home:	H
Office:	
Mobile:	**I**
Notes:	J
	K
Name	L
Home:	M
Office:	
Mobile:	N
Notes:	O
	P
Name	Q
Home:	R
Office:	S
Mobile:	T
Notes:	U
	V
Name	W
Home:	X
Office:	
Mobile:	Y
Notes:	Z

A B C D E F G H **I** J K L M N O P Q R S T U V W X Y Z

Name

Home:

Office:

Mobile:

Notes:

Name

Home:

Office:

Mobile:

Notes:

Name

Home:

Office:

Mobile:

Notes:

Name

Home:

Office:

Mobile:

Notes:

Name

Home:

Office:

Mobile:

Notes:

Name _____ A

Home: _____ B

Office: _____ C

Mobile: _____ D

Notes: _____ E

Name _____ F

Home: _____ G

Office: _____ H

Mobile: _____ **I**

Notes: _____ J

Name _____ K

Home: _____ L

Office: _____ M

Mobile: _____ N

Notes: _____ O

  P

Name _____ Q

Home: _____ R

Office: _____ S

Mobile: _____ T

Notes: _____ U

Name _____ V

Home: _____ W

Office: _____ X

Mobile: _____ Y

Notes: _____ Z

A	Name _____
B	Home: _____
C	Office: _____
D	Mobile: _____
E	Notes: _____
F	Name _____
G	Home: _____
H	Office: _____
I	Mobile: _____
J	Notes: _____
K	Name _____
L	Home: _____
M	Office: _____
N	Mobile: _____
O	Notes: _____
P	
Q	Name _____
R	Home: _____
S	Office: _____
T	Mobile: _____
U	Notes: _____
V	Name _____
W	Home: _____
X	Office: _____
Y	Mobile: _____
Z	Notes: _____

Name _____ A

Home: _____ B

Office: _____ C

Mobile: _____ D

Notes: _____ E

F

Name _____ G

Home: _____ H

Office: _____ I

Mobile: _____ **J**

Notes: _____ K

L

Name _____ M

Home: _____ N

Office: _____ O

Mobile: _____ P

Notes: _____ Q

R

Name _____ S

Home: _____ T

Office: _____ U

Mobile: _____ V

Notes: _____ W

X

Name _____ Y

Home: _____ Z

Office: _____

Mobile: _____

Notes: _____

A | Name _____

B | Home: _____

C | Office: _____

D | Mobile: _____

E | Notes: _____

F | Name _____

G | Home: _____

H | Office: _____

I | Mobile: _____

J | Notes: _____

K | Name _____

L | Home: _____

M | Office: _____

N | Mobile: _____

O | Notes: _____

P | Name _____

Q | Home: _____

R | Office: _____

S | Mobile: _____

T | Notes: _____

U | Name _____

V | Home: _____

W | Office: _____

X | Mobile: _____

Y | Notes: _____

Z |

Name _____ A

Home: _____ B

Office: _____ C

Mobile: _____ D

Notes: _____ E

Name _____ F

Home: _____ G

Office: _____ H

Mobile: _____ I

Notes: _____ **J**

Name _____ K

Home: _____ L

Office: _____ M

Mobile: _____ N

Notes: _____ O

Name _____ P

Name _____ Q

Home: _____ R

Office: _____ S

Mobile: _____ T

Notes: _____ U

Name _____ V

Home: _____ W

Office: _____ X

Mobile: _____ Y

Notes: _____ Z

A | Name _____
B | Home: _____
C | Office: _____
D | Mobile: _____
E | Notes: _____

F | Name _____
G | Home: _____
H | Office: _____
I | Mobile: _____
J | Notes: _____

K | Name _____
L | Home: _____
M | Office: _____
N | Mobile: _____
O | Notes: _____
P |

Q | Name _____
R | Home: _____
S | Office: _____
T | Mobile: _____
U | Notes: _____

V | Name _____
W | Home: _____
X | Office: _____
Y | Mobile: _____
Z | Notes: _____

Name _____

   Home: _____

   Office: _____

   Mobile: _____

   Notes: _____

Name _____

   Home: _____

   Office: _____

   Mobile: _____

   Notes: _____

Name _____

   Home: _____

   Office: _____

   Mobile: _____

   Notes: _____

Name _____

   Home: _____

   Office: _____

   Mobile: _____

   Notes: _____

Name _____

   Home: _____

   Office: _____

   Mobile: _____

   Notes: _____

A B C D E F G H I **J** K L M N O P Q R S T U V W X Y Z

A **Name** _____

B   Home: _____

C   Office: _____

D   Mobile: _____

E   Notes: _____

F   **Name** _____

G   Home: _____

H   Office: _____

I   Mobile: _____

J   Notes: _____

K

L   **Name** _____

M   Home: _____

   Office: _____

N   Mobile: _____

O   Notes: _____

P

Q   **Name** _____

R   Home: _____

S   Office: _____

T   Mobile: _____

U   Notes: _____

V   **Name** _____

W   Home: _____

X   Office: _____

Y   Mobile: _____

Z   Notes: _____

Name _____ A

Home: _____ B

Office: _____ C

Mobile: _____ D

Notes: _____ E

Name _____ F

Home: _____ G

Office: _____ H

Mobile: _____ I

Notes: _____ J

Name _____ **K**

Home: _____ L

Office: _____ M

Mobile: _____ N

Notes: _____ O

P

Name _____ Q

Home: _____ R

Office: _____ S

Mobile: _____ T

Notes: _____ U

Name _____ V

Home: _____ W

Office: _____ X

Mobile: _____ Y

Notes: _____ Z

A | Name _____

B | Home: _____

C | Office: _____

D | Mobile: _____

E | Notes: _____

F | Name _____

G | Home: _____

H | Office: _____

I | Mobile: _____

J | Notes: _____

K | Name _____

L | Home: _____

M | Office: _____

N | Mobile: _____

O | Notes: _____

P |

Q | Name _____

R | Home: _____

S | Office: _____

T | Mobile: _____

U | Notes: _____

V | Name _____

W | Home: _____

X | Office: _____

Y | Mobile: _____

Z | Notes: _____

Name _____

Home: _____

Office: _____

Mobile: _____

Notes: _____

Name _____

Home: _____

Office: _____

Mobile: _____

Notes: _____

Name _____

Home: _____

Office: _____

Mobile: _____

Notes: _____

Name _____

Home: _____

Office: _____

Mobile: _____

Notes: _____

Name _____

Home: _____

Office: _____

Mobile: _____

Notes: _____

A
B
C
D
E
F
G
H
I
J
K
L
M
N
O
P
Q
R
S
T
U
V
W
X
Y
Z

A | Name _____

B | Home: _____

C | Office: _____

D | Mobile: _____

E | Notes: _____

F | Name _____

G | Home: _____

H | Office: _____

I | Mobile: _____

J | Notes: _____

K | Name _____

L | Home: _____

M | Office: _____

N | Mobile: _____

O | Notes: _____

P |
Q | Name _____

R | Home: _____

S | Office: _____

T | Mobile: _____

U | Notes: _____

V | Name _____

W | Home: _____

X | Office: _____

Y | Mobile: _____

Z | Notes: _____

Name _____ A

Home: _____ B

Office: _____ C

Mobile: _____ D

Notes: _____ E

Name _____ F

Home: _____ G

Office: _____ H

Mobile: _____ I

Notes: _____ J

K

Name _____ L

Home: _____ M

Office: _____ N

Mobile: _____ O

Notes: _____ P

Name _____ Q

Home: _____ R

Office: _____ S

Mobile: _____ T

Notes: _____ U

Name _____ V

Home: _____ W

Office: _____ X

Mobile: _____ Y

Notes: _____ Z

A **Name** _____

B Home: _____

C Office: _____

D Mobile: _____

E Notes: _____

F **Name** _____

G Home: _____

H Office: _____

I Mobile: _____

J Notes: _____

K

L **Name** _____

M Home: _____

N Office: _____

O Mobile: _____

P Notes: _____

Q **Name** _____

R Home: _____

S Office: _____

T Mobile: _____

U Notes: _____

V **Name** _____

W Home: _____

X Office: _____

Y Mobile: _____

Z Notes: _____

Name _____ A

Home: _____ B

Office: _____ C

Mobile: _____ D

Notes: _____ E

Name _____ F

Home: _____ G

Office: _____ H

Mobile: _____ I

Notes: _____ J

  K

Name _____

Home: _____ **L**

Office: _____ M

Mobile: _____ N

Notes: _____ O

  P

Name _____ Q

Home: _____ R

Office: _____ S

Mobile: _____ T

Notes: _____ U

Name _____ V

Home: _____ W

Office: _____ X

Mobile: _____ Y

Notes: _____ Z

A Name

B Home:

C Office:

D Mobile:

E Notes:

F Name

G Home:

H Office:

I Mobile:

J Notes:

K

L Name

M Home:

N Office:

O Mobile:

P Notes:

Q Name

R Home:

S Office:

T Mobile:

U Notes:

V Name

W Home:

X Office:

Y Mobile:

Z Notes:

Name _____ A

Home: _____ B

Office: _____ C

Mobile: _____ D

Notes: _____ E

Name _____ F

Home: _____ G

Office: _____ H

Mobile: _____ I

Notes: _____ J

K

Name _____ L

Home: _____ M

Office: _____ N

Mobile: _____ O

Notes: _____ P

Name _____ Q

Home: _____ R

Office: _____ S

Mobile: _____ T

Notes: _____ U

Name _____ V

Home: _____ W

Office: _____ X

Mobile: _____ Y

Notes: _____ Z

A — Name

B — Home:

C — Office:

D — Mobile:

E — Notes:

F — Name

G — Home:

H — Office:

I — Mobile:

J — Notes:

K

L — Name

M — Home:

N — Office:

O — Mobile:

P — Notes:

Q — Name

R — Home:

S — Office:

T — Mobile:

U — Notes:

V — Name

W — Home:

X — Office:

Y — Mobile:

Z — Notes:

Name

Home:

Office:

Mobile:

Notes:

Name

Home:

Office:

Mobile:

Notes:

Name

Home:

Office:

Mobile:

Notes:

Name

Home:

Office:

Mobile:

Notes:

Name

Home:

Office:

Mobile:

Notes:

A
B
C
D
E
F
G
H
I
J
K
L
M
N
O
P
Q
R
S
T
U
V
W
X
Y
Z

A

Name

B

Home:

C

Office:

D

Mobile:

E

Notes:

F

Name

G

Home:

H

Office:

I

Mobile:

J

Notes:

K

Name

L

Home:

M

Office:

N

Mobile:

O

Notes:

P

Q

Name

R

Home:

S

Office:

T

Mobile:

U

Notes:

V

Name

W

Home:

X

Office:

Y

Mobile:

Z

Notes:

Name _____

Home: _____

Office: _____

Mobile: _____

Notes: _____

Name _____

Home: _____

Office: _____

Mobile: _____

Notes: _____

Name _____

Home: _____

Office: _____

Mobile: _____

Notes: _____

Name _____

Home: _____

Office: _____

Mobile: _____

Notes: _____

Name _____

Home: _____

Office: _____

Mobile: _____

Notes: _____

A
B
C
D
E
F
G
H
I
J
K
L
M
N
O
P
Q
R
S
T
U
V
W
X
Y
Z

A **Name** _____

B   Home: _____

C   Office: _____

D   Mobile: _____

E   Notes: _____

F **Name** _____

G   Home: _____

H   Office: _____

I   Mobile: _____

J   Notes: _____

K **Name** _____

L   Home: _____

M   Office: _____

N   Mobile: _____

O   Notes: _____

P **Name** _____

Q   Home: _____

R   Office: _____

S   Mobile: _____

T   Notes: _____

U **Name** _____

V   Home: _____

W   Office: _____

X   Mobile: _____

Y   Notes: _____

Z

Name _____ A

Home: _____ B

Office: _____ C

Mobile: _____ D

Notes: _____ E

Name _____ F

Home: _____ G

Office: _____ H

Mobile: _____ I

Notes: _____ J

K

Name _____ L

Home: _____ M

Office: _____ N

Mobile: _____ O

Notes: _____ P

Name _____ Q

Home: _____ R

Office: _____ S

Mobile: _____ T

Notes: _____ U

Name _____ V

Home: _____ W

Office: _____ X

Mobile: _____ Y

Notes: _____ Z

A   <u>Name</u>

B   <u>Home:</u>

C   <u>Office:</u>

D   <u>Mobile:</u>

E   <u>Notes:</u>

F   <u>Name</u>

G   <u>Home:</u>

H   <u>Office:</u>

I   <u>Mobile:</u>

J   <u>Notes:</u>

K

L   <u>Name</u>

M   <u>Home:</u>

N   <u>Office:</u>

O   <u>Mobile:</u>

P   <u>Notes:</u>

Q   <u>Name</u>

R   <u>Home:</u>

S   <u>Office:</u>

T   <u>Mobile:</u>

U   <u>Notes:</u>

V   <u>Name</u>

W   <u>Home:</u>

X   <u>Office:</u>

Y   <u>Mobile:</u>

Z   <u>Notes:</u>

Name _____ A

Home: _____ B

Office: _____ C

Mobile: _____ D

Notes: _____ E

Name _____ F

Home: _____ G

Office: _____ H

Mobile: _____ I

Notes: _____ J

K

Name _____ L

Home: _____ M

Office: _____ **N**

Mobile: _____ O

Notes: _____ P

Name _____ Q

Home: _____ R

Office: _____ S

Mobile: _____ T

Notes: _____ U

Name _____ V

Home: _____ W

Office: _____ X

Mobile: _____ Y

Notes: _____ Z

A **Name** _____

B   Home: _____

C   Office: _____

D   Mobile: _____

E   Notes: _____

F **Name** _____

G   Home: _____

H   Office: _____

I   Mobile: _____

J   Notes: _____

K **Name** _____

L   Home: _____

M   Office: _____

N   Mobile: _____

O   Notes: _____

P **Name** _____

Q   Home: _____

R   Office: _____

S   Mobile: _____

T   Notes: _____

U **Name** _____

V   Home: _____

W   Office: _____

X   Mobile: _____

Y   Notes: _____

Z

Name _____ A

Home: _____ B

Office: _____ C

Mobile: _____ D

Notes: _____ E

Name _____ F

Home: _____ G

Office: _____ H

Mobile: _____ I

Notes: _____ J

K

Name _____ L

Home: _____ M

Office: _____

Mobile: _____ **N**

Notes: _____ O

P

Name _____ Q

Home: _____ R

Office: _____ S

Mobile: _____ T

Notes: _____ U

Name _____ V

Home: _____ W

Office: _____ X

Mobile: _____ Y

Notes: _____ Z

A **Name**

B Home:

C Office:

D Mobile:

E Notes:

F **Name**

G Home:

H Office:

I Mobile:

J Notes:

K **Name**

L Home:

M Office:

N Mobile:

O Notes:

P

Q **Name**

R Home:

S Office:

T Mobile:

U Notes:

V **Name**

W Home:

X Office:

Y Mobile:

Z Notes:

Name _____ A

  Home: _____ B

  Office: _____ C

  Mobile: _____ D

  Notes: _____ E

Name _____ F

  Home: _____ G

  Office: _____ H

  Mobile: _____ I

  Notes: _____ J

                                            K

Name _____ L

  Home: _____ M

  Office: _____

  Mobile: _____ **N**

  Notes: _____ O

                                              P

Name _____ Q

  Home: _____ R

  Office: _____ S

  Mobile: _____ T

  Notes: _____ U

Name _____ V

  Home: _____ W

  Office: _____ X

  Mobile: _____ Y

  Notes: _____ Z

A | Name _____

B | Home: _____

C | Office: _____

D | Mobile: _____

E | Notes: _____

F | Name _____

G | Home: _____

H | Office: _____

I | Mobile: _____

J | Notes: _____

K |
L | Name _____

M | Home: _____

N | Office: _____

O | Mobile: _____

P | Notes: _____

Q | Name _____

R | Home: _____

S | Office: _____

T | Mobile: _____

U | Notes: _____

V | Name _____

W | Home: _____

X | Office: _____

Y | Mobile: _____

Z | Notes: _____

Name _____ A

Home: _____ B

Office: _____ C

Mobile: _____ D

Notes: _____ E

Name _____ F

Home: _____ G

Office: _____ H

Mobile: _____ I

Notes: _____ J

  K

Name _____ L

Home: _____ M

Office: _____ N

Mobile: _____ O

Notes: _____

  P

Name _____ Q

Home: _____ R

Office: _____ S

Mobile: _____ T

Notes: _____ U

Name _____ V

Home: _____ W

Office: _____ X

Mobile: _____ Y

Notes: _____ Z

A **Name** _____

B Home: _____

C Office: _____

D Mobile: _____

E Notes: _____

F **Name** _____

G Home: _____

H Office: _____

I Mobile: _____

J Notes: _____

K **Name** _____

L Home: _____

M Office: _____

N Mobile: _____

O Notes: _____

P **Name** _____

Q Home: _____

R Office: _____

S Mobile: _____

T Notes: _____

U **Name** _____

V Home: _____

W Office: _____

X Mobile: _____

Y Notes: _____

Z

Name _____ A

Home: _____ B

Office: _____ C

Mobile: _____ D

Notes: _____ E

Name _____ F

Home: _____ G

Office: _____ H

Mobile: _____ I

Notes: _____ J

K

Name _____ L

Home: _____ M

Office: _____ N

Mobile: _____ **O**

Notes: _____ P

Name _____ Q

Home: _____ R

Office: _____ S

Mobile: _____ T

Notes: _____ U

Name _____ V

Home: _____ W

Office: _____ X

Mobile: _____ Y

Notes: _____ Z

A | Name _____

B | Home: _____

C | Office: _____

D | Mobile: _____

E | Notes: _____

F | Name _____

G | Home: _____

H | Office: _____

I | Mobile: _____

J | Notes: _____

K |

L | Name _____

M | Home: _____

N | Office: _____

O | Mobile: _____

P | Notes: _____

Q | Name _____

R | Home: _____

S | Office: _____

T | Mobile: _____

U | Notes: _____

V | Name _____

W | Home: _____

X | Office: _____

Y | Mobile: _____

Z | Notes: _____

Name _____ A

 Home: _____ B

 Office: _____ C

 Mobile: _____ D

 Notes: _____ E

Name _____ F

 Home: _____ G

 Office: _____ H

 Mobile: _____ I

 Notes: _____ J

            K

Name _____ L

 Home: _____ M

 Office: _____ N

 Mobile: _____ O

 Notes: _____

            P

Name _____ Q

 Home: _____ R

 Office: _____ S

 Mobile: _____ T

 Notes: _____ U

Name _____ V

 Home: _____ W

 Office: _____ X

 Mobile: _____ Y

 Notes: _____ Z

A **Name** _____

B Home: _____

C Office: _____

D Mobile: _____

E Notes: _____

F **Name** _____

G Home: _____

H Office: _____

I Mobile: _____

J Notes: _____

K **Name** _____

L Home: _____

M Office: _____

N Mobile: _____

O Notes: _____

P

Q **Name** _____

R Home: _____

S Office: _____

T Mobile: _____

U Notes: _____

V **Name** _____

W Home: _____

X Office: _____

Y Mobile: _____

Z Notes: _____

Name _____

Home: _____

Office: _____

Mobile: _____

Notes: _____

Name _____

Home: _____

Office: _____

Mobile: _____

Notes: _____

Name _____

Home: _____

Office: _____

Mobile: _____

Notes: _____

Name _____

Home: _____

Office: _____

Mobile: _____

Notes: _____

Name _____

Home: _____

Office: _____

Mobile: _____

Notes: _____

A B C D E F G H I J K L M N O **P** Q R S T U V W X Y Z

A | Name _____
B | Home: _____
C | Office: _____
D | Mobile: _____
E | Notes: _____

F | Name _____
G | Home: _____
H | Office: _____
I | Mobile: _____
J | Notes: _____

K | Name _____
L | Home: _____
M | Office: _____
N | Mobile: _____
O | Notes: _____
P

Q | Name _____
R | Home: _____
S | Office: _____
T | Mobile: _____
U | Notes: _____

V | Name _____
W | Home: _____
X | Office: _____
Y | Mobile: _____
Z | Notes: _____

Name _____ A

Home: _____ B

Office: _____ C

Mobile: _____ D

Notes: _____ E

Name _____ F

Home: _____ G

Office: _____ H

Mobile: _____ I

Notes: _____ J

                                          K
Name _____ L

Home: _____ M

Office: _____ N

Mobile: _____ O

Notes: _____ P

Name _____ **Q**

Home: _____ R

Office: _____ S

Mobile: _____ T

Notes: _____ U

Name _____ V

Home: _____ W

Office: _____ X

Mobile: _____ Y

Notes: _____ Z

A **Name** _____

B Home: _____

C Office: _____

D Mobile: _____

E Notes: _____

F **Name** _____

G Home: _____

H Office: _____

I Mobile: _____

J Notes: _____

K **Name** _____

L Home: _____

M Office: _____

N Mobile: _____

O Notes: _____

P

Q **Name** _____

R Home: _____

S Office: _____

T Mobile: _____

U Notes: _____

V **Name** _____

W Home: _____

X Office: _____

Y Mobile: _____

Z Notes: _____

Name	A
Home:	B
Office:	C
Mobile:	D
Notes:	E
Name	F
Home:	G
Office:	H
Mobile:	I
Notes:	J
	K
Name	L
Home:	M
Office:	N
Mobile:	O
Notes:	P
Name	Q
Home:	**R**
Office:	S
Mobile:	T
Notes:	U
Name	V
Home:	W
Office:	X
Mobile:	Y
Notes:	Z

A | Name _____

B | Home: _____

C | Office: _____

D | Mobile: _____

E | Notes: _____

F | Name _____

G | Home: _____

H | Office: _____

I | Mobile: _____

J | Notes: _____

K | Name _____

L | Home: _____

M | Office: _____

N | Mobile: _____

O | Notes: _____

P |

Q | Name _____

R | Home: _____

S | Office: _____

T | Mobile: _____

U | Notes: _____

V | Name _____

W | Home: _____

X | Office: _____

Y | Mobile: _____

Z | Notes: _____

Name _____ A

  Home: _____ B

  Office: _____ C

  Mobile: _____ D

  Notes: _____ E

Name _____ F

  Home: _____ G

  Office: _____ H

  Mobile: _____ I

  Notes: _____ J

Name _____ K

  Home: _____ L

  Office: _____ M

  Mobile: _____ N

  Notes: _____ O

Name _____ P

  Home: _____ Q

  Office: _____ **R**

  Mobile: _____ S

  Notes: _____ T

Name _____ U

  Home: _____ V

  Office: _____ W

  Mobile: _____ X

  Notes: _____ Y

 Z

A **Name** _____

B   Home: _____

C   Office: _____

D   Mobile: _____

E   Notes: _____

F **Name** _____

G   Home: _____

H   Office: _____

I   Mobile: _____

J   Notes: _____

K **Name** _____

L   Home: _____

M   Office: _____

N   Mobile: _____

O   Notes: _____

P

Q **Name** _____

R   Home: _____

S   Office: _____

T   Mobile: _____

U   Notes: _____

V **Name** _____

W   Home: _____

X   Office: _____

Y   Mobile: _____

Z   Notes: _____

Name	A
Home:	B
Office:	C
Mobile:	D
Notes:	E
Name	F
Home:	G
Office:	H
Mobile:	I
Notes:	J
Name	K
Home:	L
Office:	M
Mobile:	N
Notes:	O
Name	P
Home:	Q
Office:	R
Mobile:	**S**
Notes:	T
Name	U
Home:	V
Office:	W
Mobile:	X
Notes:	Y
	Z

A | Name
B | Home:
C | Office:
D | Mobile:
E | Notes:

F | Name
G | Home:
H | Office:
I | Mobile:
J | Notes:

K
L | Name
M | Home:
N | Office:
O | Mobile:
P | Notes:

Q | Name
R | Home:
S | Office:
T | Mobile:
U | Notes:

V | Name
W | Home:
X | Office:
Y | Mobile:
Z | Notes:

Name _____ A

Home: _____ B

Office: _____ C

Mobile: _____ D

Notes: _____ E

Name _____ F

Home: _____ G

Office: _____ H

Mobile: _____ I

Notes: _____ J

Name _____ K

Home: _____ L

Office: _____ M

Mobile: _____ N

Notes: _____ O

P

Name _____ Q

Home: _____ R

Office: _____ S

Mobile: _____ T

Notes: _____ U

Name _____ V

Home: _____ W

Office: _____ X

Mobile: _____ Y

Notes: _____ Z

A Name _____

B Home: _____

C Office: _____

D Mobile: _____

E Notes: _____

F Name _____

G Home: _____

H Office: _____

I Mobile: _____

J Notes: _____

K Name _____

L Home: _____

M Office: _____

N Mobile: _____

O Notes: _____

P

Q Name _____

R Home: _____

S Office: _____

T Mobile: _____

U Notes: _____

V Name _____

W Home: _____

X Office: _____

Y Mobile: _____

Z Notes: _____

Name _____ A

   Home: _____ B

   Office: _____ C

   Mobile: _____ D

   Notes: _____ E

Name _____ F

   Home: _____ G

   Office: _____ H

   Mobile: _____ I

   Notes: _____ J

Name _____ K

   Home: _____ L

   Office: _____ M

   Mobile: _____ N

   Notes: _____ O

Name _____ P

   Home: _____ Q

   Office: _____ R

   Mobile: _____ S

   Notes: _____ **T**

Name _____ U

   Home: _____ V

   Office: _____ W

   Mobile: _____ X

   Notes: _____ Y

                                            Z

A Name _____
B   Home: _____
C   Office: _____
D   Mobile: _____
E   Notes: _____

F Name _____
G   Home: _____
H   Office: _____
I   Mobile: _____
J   Notes: _____

K Name _____
L   Home: _____
M   Office: _____
N   Mobile: _____
O   Notes: _____
P

Q Name _____
R   Home: _____
S   Office: _____
T   Mobile: _____
U   Notes: _____

V Name _____
W   Home: _____
X   Office: _____
Y   Mobile: _____
Z   Notes: _____

Name

   Home:

   Office:

   Mobile:

   Notes:

Name

   Home:

   Office:

   Mobile:

   Notes:

Name

   Home:

   Office:

   Mobile:

   Notes:

Name

   Home:

   Office:

   Mobile:

   Notes:

Name

   Home:

   Office:

   Mobile:

   Notes:

A
B
C
D
E
F
G
H
I
J
K
L
M
N
O
P
Q
R
S
T
U
V
W
X
Y
Z

A   Name _____

B   Home: _____

C   Office: _____

D   Mobile: _____

E   Notes: _____

F   Name _____

G   Home: _____

H   Office: _____

I   Mobile: _____

J   Notes: _____

K   Name _____

L   Home: _____

M   Office: _____

N   Mobile: _____

O   Notes: _____

P   Name _____

Q   Home: _____

R   Office: _____

S   Mobile: _____

T   Notes: _____

U

V   Name _____

W   Home: _____

X   Office: _____

Y   Mobile: _____

Z   Notes: _____

Name _____ A

   Home: _____ B

   Office: _____ C

   Mobile: _____ D

   Notes: _____ E

Name _____ F

   Home: _____ G

   Office: _____ H

   Mobile: _____ I

   Notes: _____ J

Name _____ K

   Home: _____ L

   Office: _____ M

   Mobile: _____ N

   Notes: _____ O

Name _____ P

   Home: _____ Q

   Office: _____ R

   Mobile: _____ S

   Notes: _____ **T**

Name _____ U

   Home: _____ V

   Office: _____ W

   Mobile: _____ X

   Notes: _____ Y

   _____ Z

A Name _____
B Home: _____
C Office: _____
D Mobile: _____
E Notes: _____

F Name _____
G Home: _____
H Office: _____
I Mobile: _____
J Notes: _____

K
L Name _____
M Home: _____
N Office: _____
O Mobile: _____
P Notes: _____

Q Name _____
R Home: _____
S Office: _____
T Mobile: _____
u Notes: _____

V Name _____
W Home: _____
X Office: _____
Y Mobile: _____
Z Notes: _____

Name _____ A

Home: _____ B

Office: _____ C

Mobile: _____ D

Notes: _____ E

Name _____ F

Home: _____ G

Office: _____ H

Mobile: _____ I

Notes: _____ J

Name _____ K

Home: _____ L

Office: _____ M

Mobile: _____ N

Notes: _____ O

P

Name _____ Q

Home: _____ R

Office: _____ S

Mobile: _____ T

Notes: _____ U

Name _____ V

Home: _____ W

Office: _____ X

Mobile: _____ Y

Notes: _____ Z

A **Name** _____

B   Home: _____

C   Office: _____

D   Mobile: _____

E   Notes: _____

F **Name** _____

G   Home: _____

H   Office: _____

I   Mobile: _____

J   Notes: _____

K **Name** _____

L   Home: _____

M   Office: _____

N   Mobile: _____

O   Notes: _____

P

Q **Name** _____

R   Home: _____

S   Office: _____

T   Mobile: _____

U   Notes: _____

V **Name** _____

W   Home: _____

X   Office: _____

Y   Mobile: _____

Z   Notes: _____

Name _____ A

Home: _____ B

Office: _____ C

Mobile: _____ D

Notes: _____ E

Name _____ F

Home: _____ G

Office: _____ H

Mobile: _____ I

Notes: _____ J

K

Name _____ L

Home: _____ M

Office: _____ N

Mobile: _____ O

Notes: _____ P

Name _____ Q

Home: _____ R

Office: _____ S

Mobile: _____ T

Notes: _____ U

Name _____ **V**

Home: _____ W

Office: _____ X

Mobile: _____ Y

Notes: _____ Z

A | Name _____

B | Home: _____

C | Office: _____

D | Mobile: _____

E | Notes: _____

F | Name _____

G | Home: _____

H | Office: _____

I | Mobile: _____

J | Notes: _____

K | Name _____

L | Home: _____

M | Office: _____

N | Mobile: _____

O | Notes: _____

P |

Q | Name _____

R | Home: _____

S | Office: _____

T | Mobile: _____

U | Notes: _____

V | Name _____

W | Home: _____

X | Office: _____

Y | Mobile: _____

Z | Notes: _____

Name _____ A

Home: _____ B

Office: _____ C

Mobile: _____ D

Notes: _____ E

Name _____ F

Home: _____ G

Office: _____ H

Mobile: _____ I

Notes: _____ J

                                K
Name _____
                                L
Home: _____
                                M
Office: _____
                                N
Mobile: _____
                                O
Notes: _____
                                P
Name _____
                                Q
Home: _____
                                R
Office: _____
                                S
Mobile: _____
                                T
Notes: _____
                                U
Name _____
                                V
Home: _____
                                W
Office: _____ X

Mobile: _____ Y

Notes: _____ Z

A **Name** _____

B   Home: _____

C   Office: _____

D   Mobile: _____

E   Notes: _____

F **Name** _____

G   Home: _____

H   Office: _____

I   Mobile: _____

J   Notes: _____

K **Name** _____

L   Home: _____

M   Office: _____

N   Mobile: _____

O   Notes: _____

P

Q **Name** _____

R   Home: _____

S   Office: _____

T   Mobile: _____

U   Notes: _____

V **Name** _____

W   Home: _____

X   Office: _____

Y   Mobile: _____

Z   Notes: _____